Anstöße

Hans Urs von Balthasar

Wenn ihr nicht werdet wie dieses Kind

Schwabenverlag

Alle Rechte vorbehalten
© 1988 Schwabenverlag AG
Ostfildern bei Stuttgart
Herstellung: Schwabenverlag

ISBN 3-7966-0655-5

Inhalt

Fein kindlich, das ist das Beste. Es ist nichts schwerer, als seine eigene Schwachheit zu tragen. Gott hilft zu allem.

Novalis, kurz vor dem Tod

O daß ich lieber wäre, wie Kinder sind!

Hölderlin, umnachtet

Gottes Reich ist für die Kinder

Jesu Stellung zum Kind ist vollkommen eindeutig. Keiner wird in das Reich Gottes, das in ihm nahegekommen ist, eingehen, es sei denn, er mache eine Kehrtwendung und gehe in seine Ursprungsgesinnung zurück. »Amen, ich sage euch: Wer das Reich Gottes nicht annimmt wie ein Kind, wird nicht hineinkommen« (Mk 10,15). Wie soll aber einer auf seinem Weg in die Lebenszukunft hinein innehalten und die entgegengesetzte Richtung einschlagen können, fragt der jüdische Ratsherr verwundert. Aber Jesus verwundert sich über diesen noch mehr: »Du willst Lehrer in Israel sein, und du weißt das nicht?« (Joh 3,9f.). Dies Elementare, das die Voraussetzung für alles andere ist! »Kann denn einer in den Schoß seiner Mutter zurückkehren und von neuem geboren werden?« Der reine Gedanke scheint die Absurdität einer solchen Zumutung zu erweisen. Jesus findet es gar nicht absurd, weil er selber, als der erwachsene Mann, der er ist, den »Schoß des Vaters« nie verlassen hat, sondern auch jetzt, als der Menschgewordene, in ihm »ruht« (Joh 1,18) und nur als der in ihm Ruhende etwas Gültiges über den Vater offenbaren kann.

So sind wir wie in einem Sprung von dem auf der Straße aufgelesenen Kind, das die Jünger zunächst als unbedeutend und lästig von Jesus abwehren wollten – nein, »laßt die Kinder zu mir kommen und wehrt es ihnen nicht« (Mt 19,14) –, zu dem einzigartigen Kind, das Jesus selbst ist, hingelangt. Und Jesus sieht darin gar keinen Sprung über einen Abgrund, sondern im Gegenteil eine direkte Kontinuität, denn »wer ein solches Kind in meinem Namen aufnimmt, der nimmt mich auf« (Mt 18,5). Das Kind ist also nicht bloß ein fernes Gleichnis für den Sohn Gottes, sondern wer sich liebevoll sorgend »einem solchen Kind« (irgendeinem aus hunderttausenden) zuwendet, und dies, bewußt oder unbewußt, im Namen Jesu, in seiner Gesinnung, tut, der nimmt das urbildliche Kind, das seinen Ort im Schoß des Vaters hat, auf, und weil dieses Kind von seinem Ort nie zu trennen ist, so gelangt man mit dieser unscheinbaren Zuwendung bis zum Allerletzten, bis zum Vater selbst: »Wer mich aufnimmt, nimmt nicht mich auf, sondern den, der mich gesandt hat« (Mk 9,27). Es geht aber im Zusammenhang des Evangeliums nicht um eine soziale Fürsorge, sondern um ein tiefstes, im Wesen Christi gründendes Geheimnis, das untrennbar ist von seinem Kindsein im Schoß des Vaters und deshalb auch von dem, was zu Beginn von der inneren Umkehr in Richtung auf das Kindsein zu gesagt wurde, auf das, was Jesus »Geburt aus dem Geist« oder »Wieder-Geburt« oder »Geburt von oben« oder einfach »Geburt aus Gott« (Joh 1,13) nennt, und was er nochmals ausdrücklich zur Bedingung für den Eingang ins Reich Gottes erhebt: »Wenn einer nicht von neuem geboren wird, kann er das Reich Gottes nicht sehen«, »kann er in das Reich Gottes nicht eingehen« (Joh 3,3.5).

Und doch geht es zunächst um etwas für Menschen durchaus Verständliches, um eine Erfahrung, die jeder als Kind gemacht hat (und zu der er in bestimmter Weise zurückkehren muß), um eine Erfahrung, die jeder Erwachsene wenigstens annähernd machen kann, wenn er Kindern begegnet oder gar eigene hat. Jesus sucht sich nicht ein Musterkind aus, um es als Modell vorzustellen; es heißt ganz einfach: »Dann nahm er ein Kind, stellte es in ihre Mitte, schloß es in seine Arme und sprach zu ihnen« (Mk 9,36f.). Was er an dem Kind, das er liebend umfangen hält, demonstriert, ist etwas ganz Einfaches, das die hörenden Jünger ebenso verstehen können und müssen wie den Sinn einer schlichten Parabel, und das doch, weil Jesus das Kind umschlungen hält, in seiner Einfalt eine unerwartete, noch nie vermutete Bedeutung erhält. Kinder waren sowohl bei den Juden wie bei Griechen und Römern einfach eine Vorstufe zum vollen Menschsein, ihr unterscheidendes Bewußtsein wurde von niemandem in seinem Eigenwert beachtet. Und weil Kindheit als ein bloßes Noch-nicht eingestuft wurde, kümmerte sich niemand um die der sittlichen freien Entscheidung vorausliegende Form des menschlichen Geistes, ja der ganzen geist-leiblichen Existenz des Menschen.

Aber für Jesus ist der Zustand der frühen Kindheit offenbar keineswegs sittlich indifferent und belanglos, vielmehr zeigen die für den Erwachsenen verschütteten Daseinsweisen des Kindes auf eine ursprüngliche Zone hin, in welcher alles im Richtigen, im Wahren und Guten vor sich geht, in einer verborgenen Geborgenheit, die man nicht als »vor-ethisch« oder »unbewußt« abwerten darf (als wäre der kindliche Geist noch gar nicht erwacht, vielleicht noch auf der tierischen Ebene, was er aber nie, auch nicht einmal im Mutterschoß war), die vielmehr eine Sphäre ursprünglichen Heil-Seins anzeigt, ja sogar – weil das Kind zunächst noch gar nicht zwischen der elterlichen Liebe und der göttlichen unterscheiden kann – ein Moment der Heiligkeit enthält.

Jesus weiß natürlich um die tiefe Gefährdung dieser ursprünglich heilen Zone; sie ist schutzlos, weil das Kind ohnmächtig ist, die es Pflegenden dagegen in ihrer Freiheit übermächtig sind und statt zu führen, auf vielerlei egoistische Weise verführen können, oft auf eine in ihrer sittlichen Unbekümmertheit geradezu unbewußte Art. Daher seine furchtbare Drohung an einen solchen Verführer: »Es wäre besser, wenn ihm ein Mühlstein um den Hals gehängt und er ins Meer versenkt würde, als daß er eines dieser Kleinen verführte« (Lk 17,2).

Jesus weiß auch, daß die Zerbrechlichkeit dieser ursprünglich heilen Zone durch das Eintreten des jungen Menschen in die bewußte Entscheidung für oder gegen das Böse ob der Erbsündigkeit und der bleibenden Versuchlichkeit zu endgültigen Brüchen führen kann: die »über-sittliche« Richtigkeit und Gutheit der Ursprungszone müßte nunmehr in voller Freiheit bejaht werden, aber für den selbstbewußt sich von ihr Absetzenden erscheint ihr Gutes und Wahres als nur eine der Möglichkeiten des Guten und Wahren, das damit das Gesicht des Allgemeinen, Abstrakten, Gesetzhaften erhält, und gerade dieses Gestelltsein vor das Gute als ein zu wählendes »Gesetz« (Gottes oder der Gesellschaft) erscheint nunmehr Juden und Heiden als die ideale Situation für erwachsene sittliche Bewährung.

Wiederum weiß Jesus natürlich, daß dieses Entwachsen aus der urtümlichen Geborgenheit der unvermeidliche Weg des Menschen ist. Aber was ihm vorschwebt, ist eine Einbergung der »über-sittlichen« heiligen Güter des Ursprungs in die Reifezeit. Paulus drückt die Forderung Jesu richtig aus, wenn er sagt: »Brüder, seid nicht Kinder in der Einsicht, sondern unmündige Kinder in bezug auf das Böse, der Vernunft nach aber werdet Erwachsene« (1 Kor 14,20). Wie soll dies scheinbar Unvereinbare zusammengebracht werden? Dadurch – allein! –, daß das scheinbar abstrakte Gesetz uns von Gott ins kindhafte Herz hineinverlegt und damit ursprünglich konkret wird (Jer 31,33). Das kann nur so geschehen, daß Gott seinen eigenen Geist uns ins Herz hinein übereignet (»Ich werde meinen Geist in euch hineinlegen« Ez 36,27), der uns keineswegs unmündig macht, wohl aber unser Herz in den Ruf »Abba, Vater« sammeln und ausbrechen lassen wird, begabt mit dem *instinctus Spiritus Sancti* (wie Thomas von Aquin die gnadenhafte Begabung des Herzens nennt, um der Liebesforderung Gottes entsprechen zu können). Ein solcher Erwachsener, der gleichzeitig auf höherer Stufe die konkrete Spontaneität des Kindes zurückgewonnen hat, nennt Novalis »das synthetische Kind«.

Das menschliche Kind

Worauf verweist Jesus, wenn er die Verfaßtheit des menschlichen Kindes als heilsnotwendig für den Eintritt in das göttliche Reich hinstellt? Ohne das Kindsein eines jeden Menschen zu einem (verlorenen) Paradies zu idealisieren, dem Kind also Tugenden anzudichten, die es nicht hat und überhaupt nicht haben kann, weil es noch vor dem bewußten und freien »Erwerben« tugendhafter Haltungen lebt, gibt es dennoch eine Sphäre, in der für jeden Geborenen etwas urbildlich vorgestaltet ist, wonach er in seinem bewußten Leben sich auszurichten hat, freilich in die Zukunft seines Daseins hineinlebend, aber mit einer Erinnerung an einen Ursprung zuvor; die Endgestalt, das Omega, auf das er zulebt, kann nichts anderes sein als die Ursprungsgestalt, das Alpha, von dem her er lebt und woraus er auch das Instrumentar seines Strebens erhält.

Es gibt zwischen der Mutter und dem Kind, das sie im Schoß trägt, eine »urbildliche Identität«, eine keineswegs bloß »naturhafte«, »physiologische«, »unbewußte« Einheit, denn das Kind ist bereits es selbst, schon darum ein »Anderes« als sie, weil es ebensosehr dem männlichen Samen entspringt wie ihr selbst. Sie mußte empfangen, um das Kind in ihr und aus ihrem Eigensten werden zu lassen, wie freilich auch der Vater von seiner Frau empfangen mußte, um in ihr fruchtbar werden zu können. Sie beide mußten »zwei in einem Fleische« sein, in einer gegenseitigen Verdankung, um in der Liebe über sich hinaus das neue Leben zu erzeugen, das sich beiden zu verdanken haben wird, für das sie aber beide immer der sie übersteigenden absoluten Schöpferkraft zu danken haben: »Kinder sind ein Geschenk des Herrn« (Ps 127,3). Weder Vater noch Mutter werden sich einbilden, mit ihrem Beitrag dem Kind seinen Geist, seine Freiheit, seine Unmittelbarkeit zu Gott gegeben zu haben.

Hinter der »urbildlichen Identität« von Mutter und Kind zeichnet sich – in deren Nichtidentität, die bei der Geburt endgültig zu Tage tritt – eine noch tiefere »urbildliche Identität« ab: des werdenden und gewordenen Kindes mit der Idee, die Gott von ihm hat, mit der Absicht also, die er mit ihm verwirklichen will, und diese Idee und Absicht ist Gott selbst und doch nicht er, sofern sie das Geschöpf zum Gegenstand hat. Gerade in dieser noch ursprünglicheren »urbildlichen Identität« wird sich das unterscheidend Christliche an der neuen Wertung der Kindheit erweisen, weil in Christus erstmals hervortreten wird, daß es in Gott selber innerhalb seiner unzertrennlichen Einheit die Trennung des gebenden Vaters und der Gabe, des Sohnes, gibt – aber in der Einheit des Heiligen Geistes.

Ein Abglanz dieses christlichen Urgeheimnisses ist es nun, daß in der Gefährdung und Zerbrechlichkeit menschlichen Daseins die Einheit zwischen Mutter und Kind sich auch in der Trennung durchhalten kann. Das Kind an der Mutterbrust ist zunächst wie eine Wiederholung der Verbundenheit im Schoß. Und doch hält sich diese Liebeseinheit auch durch, wenn das Antlitz der Mutter das Kind aus einer Distanz anlächelt: Hier ereignet sich das Wunder, daß das Kind eines Tages im Antlitz der Mutter ihre bergende Liebe erkennt und mit einem ersten Lächeln beantwortet; über die vollkommene, unvermittelte Intuition, die hier – jedem Urteil und Schluß vorweg – waltet, gilt es wie über ein Wunder zu staunen: Die Liebe als das Ursprünglichste wird verstanden, dadurch öffnet sich im Kind die schlummernde Knospe des Selbstbewußtseins; Liebe zwischen Du und Ich wird zur Eröffnung von Welt, tiefer von Sein überhaupt in seiner absoluten Unbegrenztheit und Fülle. Und weil diese Öffnung aufgrund der Liebe erfolgt, zeigt sich das unbegrenzte Sein als das Stimmige, Richtige, kurz als Wahrheit, die mit dem Guten identisch ist. Intuition und keineswegs schlußfolgerndes Urteilen (als ob das Lächeln der Mutter erst nachdenkend als Liebe ausgelegt würde), Intuition auch, weil im erwachenden Geist das Verstehen von Sein überhaupt, und dies gerade im konkreten, durch die immer schon offenen und wachen Sinne hindurch dargereichten Ereignis, je schon auf den Augenblick der Verwirklichung wartet.

Diese Intuition, obschon an der konkreten Begegnung erfolgend (und deshalb keineswegs einen abstrakten Seinsbegriff vermittelnd), ist völlig unbegrenzt und reicht bis ins Letzte, bis ins Göttliche, weshalb für das Kind die konkrete Liebe der Eltern zunächst von Gott gar nicht trennbar ist und der Unterschied ihm – wenn alles ohne Unfall verläuft – erst sachte an der Demut der Eltern und ihrer eigenen Abhängigkeit Gott gegenüber gezeigt werden muß. Geschieht dies richtig, so wird ihm die »urbildliche Identität« in der Trennung nochmals in erweiterter Gestalt bestätigt. Die Liebe, so wird ihm klar, verwirklicht sich nur in einem Gegenüber, das in der Differenz durch den Geist der Liebe zusammengehalten, nicht gefährdet, sondern gestärkt wird. Die

Liebe ist es auch, die dem Kind seine absolute Bedürftigkeit nicht als Bedrohung erleben läßt, weil es sie als die Situation erfährt, in welcher die immer latente Liebe der Mutter sich je neu verwirklicht.

Die im Geschöpflichen sich ereignende »archetypische Identität« innerhalb der vollzogenen Trennung der Personen, die durch die Liebe zusammengehalten werden, ist eine kreatürliche *imago trinitatis*, verhüllt und doch nicht gänzlich unsichtbar. Jesus deutet auf diesen letzten Bezug hin durch das Wort, daß die Engel dieser Kleinen »immerfort das Antlitz meines Vaters schauen« (Mt 18,10), so gleichsam die lebendigen Vertreter ihrer Idee in Gott sind. Damit diese Offenheit bis ins letzte sich ereignen kann, muß die Durchsichtigkeit der *imago trinitatis* zwischen Vater, Mutter und Kind so vollkommen wie möglich sein. Eine für das Kind fühlbar werdende Trübung – sei es zwischen den Eltern oder zwischen einem Elternteil und dem Kind – verwirrt und umwölkt den Horizont des absoluten Seins und damit auch dessen Gabe, das umfassende geschöpfliche Sein als Geschenk Gottes, weil diese Gabe für das Kind nur in der Konkretheit seines Liebesbezugs zu den Eltern innerhalb des Friedensbereichs des vertrauten Wohnraums erfaßbar wird. Jedes Zerwürfnis in diesem heilen Bereich reißt meist nicht wieder zu heilende Wunden im kindlichen Herzen auf. Die Leidtragenden bei Ehescheidungen und sehr oft bei konfessionsverschiedenen Ehen sind immer die Kinder. Die Erwachsenen bemerken nur selten den unermeßlichen Schaden, den sie dabei den Kindern zufügen, und wie nah sie damit dem furchtbarsten Fluchwort Jesu kommen: »Wer einem von diesen Kleinen, die an mich glauben, Ärgernis gibt . . .« (Mt 18,6).

Damit ist einschlußweise gesagt, wie innerlich bedroht die ursprünglich heile Welt des Kindes ist. Die Mutter ist nicht immer da, oft auch in Augenblicken nicht, da man meint, sie nicht entbehren zu können. So ist das Geborgenheitsgefühl, das auch Fernen überbrücken kann, doch von innen her bedroht von Angst, daß das Leben der Liebe sterben könnte, einer Angst, die bis auf den Grund des Herzens dringen kann wie bei einem Kind, das mitten im Gewühl einer Großstadt sich plötzlich hilflos verlassen glaubt. Solange es sich getragen fühlt von der bergenden Fürsorge, ist es der offenen Zuflucht sicher, aber innerhalb dieser Sicherheit kann ihm bewußt werden, daß die ihm zugewendete Sorge der Mutter und anderer Menschen Mühe und Verzicht abfordern kann: es wird dadurch einerseits des Geschenkcharakters der Sorge bewußter, aber beginnt andererseits auch die im Irdischen waltende Mühsal zu sichten.

Das Kind sieht, daß auch die Eltern einer Pflicht gehorchen, wenn sie die Pflege an ihm vornehmen (das Wort Pflicht kommt ja von Pflegen); diese Pflicht ist, zumal bei der Mutter, aber auch beim Vater mit einbezogen in die urtümliche Sphäre des konkreten Guten, in der sie verbunden sind mit dem Kind; sie leisten einen Daseinsgehorsam, der unmittelbar eins ist mit Vater- und Mutterschaft. Und doch liegt auch ein Teil freiwilligen Entschlusses darin, den sie durch freie Entscheidung leisten müssen. Wir begegnen hier einem Paradox, das letztlich nur auf der übernatürlichen, christlichen Ebene lösbar wird. Denn das Kind hat in seiner Hilflosigkeit ein heiliges Recht auf die Pflege, dem aber wesenhaft nur in der Liebe genuggetan werden kann. Das Kind hat also ein Recht auf etwas, das die rechtliche Ebene übersteigt und nur als freie Zuwendung und Gabe zu befriedigen ist. Und da das Kind zunächst zwischen dem absolut Guten, das göttlich ist, und dem geschöpflichen, das ihm in den Eltern begegnet, nicht unterscheiden kann, ist dieses Recht auf das Gute ein heiliges Recht, dessen Befriedigung entsprechend nur aus einer innersten Verbundenheit der Eltern mit der Gesinnung Gottes erfolgen kann; und in Gott ist, sobald er ein Geschöpf aus sich herausgesetzt hat, die Antwort auf dessen Bitte unfehlbar Einheit von »Pflicht« und freier gnadenhafter Liebe. Dem Ruf »Abba, Vater« kann der Heilige Geist nicht verweigert werden (Lk 11,13).

Das Evangelium rechnet damit, daß auch lieblose Menschen (»ihr, die ihr böse seid«, ebd.) sich der liebenden Kinderbitte nicht verweigern. Aber die Bosheit ist da, und so ist die liebende Antwort auf die rechtliche Bitte wiederum tief gefährdet.

So ist es bei allen übrigen kindlichen Urhaltungen, die alle den heilen Liebesaustausch zwischen der primär schenkenden Liebe der Mutter und der primär empfangenen des Kindes durchwalten. Weil es für das Kind selbstverständlich ist, gute Gaben zu empfangen, ist Fügsamkeit und Gehorsam, Vertrauen und Sich-einschmiegen nicht bewußt geleistete Tugend, sondern das unreflektiert Selbstverständliche. Und dies so sehr, daß es die Haltung der schenkenden Mutter als die richtige sich aneignet und, wenn es etwas zu geben hat, es bedenkenlos tut. Es zeigt seine kleine Schätze, ohne etwas davon zu verbergen; es will teilgeben, weil es Teilgabe als das Gute erfahren hat. Daß es sich diese Haltung aneignen kann, setzt voraus, daß es zwischen dem Geber und der Gabe nicht zu unterscheiden braucht, weil an der

Mutterbrust, aber auch in allem ihm sonst Gewährten, beide eins sind: In der Gabe erkennt das Kind unmittelbar die Liebe des Gebers. Es braucht den ausdrücklich wahrnehmbaren Egoismus des Gebers
(»ihr, die ihr böse seid«), damit die Gabe nicht mehr
als das Abbild des Gebers verstanden werden kann:
erst dann spaltet sich im empfangenen Kind die Neigung zum Eigenbesitz von dessen Verwendung als
möglicher Gabe. Dann schwindet auch die Spontaneität des Zufluchtsuchens am Ort der Geborgenheit, des Gehorsams als unmittelbare Antwort an die
»mehrende« Quelle, erst dann tritt aus der konkreten »Mehrerschaft« (*auctoritas*, von *augere*, mehren, fördern) die abstrakte, gesetzhafte »Autorität«
hervor.

Hier stellt sich die brennende Frage, ob die in der
Familie herrschende konkrete Autorität der Eltern
ihren Kindern gegenüber als etwas Vorläufiges aufzugehen hat in die scheinbar umfassende und endgültige Autorität des Staates oder der Gesellschaft, in
der das Moment der fürsorgenden Mehrerschaft diejenige der Familie ersetzt. Hegel ist in seiner Rechtsphilosophie von der Notwendigkeit dieser Ablösung
überzeugt, da er für die Familie einen bloß »natürlich sittlichen Geist« der »Liebe« als »Rührung«
kennt, der sich erst in der größeren Einheit des Staates zum fürsichseienden selbstbewußten Geist entwickelt, aufgrund einer Trennung vom Ursprung,
»worin dieser versiegt«. Aber gegen diese Konfiszierung des Individuums durch den Staat steht das
vierte mosaische Gebot, das Christus übernimmt,
und das die ehrfürchtige Liebe der Kinder zu den Eltern auch von den Erwachsenen fordert. Auch wo das
erzieherische Moment in der Autorität der Eltern für

Mündiggewordene verschwindet – die ursprünglich schenkende und antwortende personale Liebe zwischen Kindern und Eltern ist dadurch nicht aufgehoben, erhält nur den neuen Akzent, daß die Sorge für die alten Eltern den Kindern als eine bleibende Liebespflicht antwortender Dankbarkeit obliegt, denn sie schulden ihnen ihr physisches Dasein, eine Schuld, die niemals endgültig beglichen werden kann. In diesem Sinne bleibt vom Ursprungsverhältnis soviel im allgemeinen menschlichen Gedächtnis haften, daß diese Dankespflicht der Kinder nicht – wie bei nestflüchtigen Tieren – einfach »verdunsten« kann, sondern daß auch jenseits eines bloß rechtlichen Denkens ein Fragment der ursprünglichen »archetypischen Identität in der Unterscheidung Mutter-Kind« als ein Moment über-rechtlicher Liebe (die das Recht in sich einbirgt) erhalten bleibt.

Das erweist sich als aktuell, wenn erwachsene Kinder selber zu Vätern und Müttern geworden sind. Sosehr sie dabei nur selbst aktiv die Erfahrung »urbildlicher Identität« machen, sie können sie nicht ablösen von ihrer ersten passiv erfahrenen: sie werden als Einzelne dadurch eingesenkt in den großen Erinnerungsstrom der Geschlechter, denen sich zu verdanken sie nicht aufhören können, und deren Vergangenheit ihnen Gegenwart wird in dem Maße, als sie mit ihrer eigenen Nachkommenschaft in die Zukunft ausblicken. Dieser gegenseitige Verweis von Vergangenheit und Zukunft auf die Gegenwart ist nochmals ein Fragment aus der archetypischen Kindschaft, wo die zuversichtlich-vertrauende Erwartung des Guten aufruht auf der Erfahrung des Schon-erhalten-Habens.

So prekär diese Zeitstruktur in der Sphäre der

schuldigen Menschheit ist (nochmals: »ihr, die ihr böse seid . . .«), so sehr wird sie erfüllt in der von Jesus gemeinten neuen Kindschaft dem vollkommenen guten Vater gegenüber, denn hier wird die zuversichtliche Hoffnung auf das erbetene Gute aufgrund der schon erfahrenen Güte so unfehlbar, daß sie als solche bereits Gegenwart wird: »Alles, worum ihr betet und bittet, glaubt, daß ihr es schon empfangen habt, und es wird euch zuteil werden« (Mk 11,24). »Darin besteht die freudige Zuversicht, die wir zu ihm (Gott) haben, daß er auf uns hört, wenn wir nach seinem Willen um etwas bitten. Wenn wir deshalb wissen, daß er bei all unseren Bitten auf uns hört, dann wissen wir auch, daß wir das von ihm Erbetene bereits besitzen« (1 Joh 5,14f.).

Das gottmenschliche Kind

Alles, was hier über das menschliche Kind gesagt wurde, gehört zum Menschsein und ist deshalb nicht eigentlich Gegenstand der Selbstoffenbarung Gottes in Jesus Christus. Trotzdem ist es so, daß vieles vom Tiefsten am Menschen durch seine Entfremdung von Gott so verschüttet und vergessen ist, daß es erst durch die Menschwerdung Gottes wieder ins Licht der Erinnerung und des menschlichen Selbstverständnisses gehoben wird. Dies erfolgt in unserem Fall durch Jesu Hinweis auf die Unentbehrlichkeit wahrhaft kindlicher Gesinnung, um des von ihm nahegebrachten Gottesreiches teilhaft zu werden. Das erfordert vom Hörer eine Besinnung auf seinen wahren Ursprung, dem er den Rücken zugekehrt hat, also eine geistige Umdrehung (»wenn ihr euch nicht bekehrt und werdet wie die Kinder«), um seiner innezuwerden; und da diese Umkehr im Gehorsam an Jesus geschieht, darf sie, um erfolgreich zu sein, auf das erleuchtende Licht seiner Gnade rechnen. Unter diesem Licht müßten dann die Umrisse dessen sich abzeichnen, was wir im vorigen Kapitel zu schildern versuchten.

Dabei wird uns vielleicht auffallen, daß Jesus von seiner eigenen Kindheitserfahrung nicht spricht, die ja doch – weil er kein gewöhnliches Kind ist, sondern der ewige Sohn des Vaters, der Mensch wird – ihre einzigartige Weise gehabt haben muß. Sie bleibt tief verhüllt; wir erfahren in den Jugendgeschichten nichts vom Kind selbst, mit der einzigen Ausnahme der Episode vom Zwölfjährigen im Tempel. Diese wird freilich ein helles Licht auf das Dunkel-Verhüllte seiner ersten Jahre zurückwerfen.

Aber ehe wir darauf eingehen, ist an das Allgemeine zu erinnern, daß Jesus über die besondere Daseinsart und Würde des Kindseins so genau Bescheid weiß, daß diese Kenntnis nur in einem Selbsterlebten wurzeln kann, das ihm tiefer und echter bewußt geblieben ist als irgendeinem Philosophen oder Religionsstifter, auch irgendeinem sich in die Phase der Kindheit einfühlenden Psychologen. Und wenn er bei seinem Verweis auf das Kind die religiöse Dimension an allem Aufgezeigten – Identität in der Trennung, Einheit und Differenz von Geber und Gabe, Empfang in Bedürftigkeit, aber im Reichtum der Liebe, Dankbarkeit, Zuflucht, Geborgenheit, Gehorsam – aufzeigt, so legt er nichts Fremdes in das kindliche Dasein hinein, sondern hebt nur ein Moment ans Licht, das alle andern Aspekte durchströmt und ihnen die letzte Grundlage bietet.

Aber daß er es tut und tun kann, wird doch in der Einmaligkeit seiner Kindheitserfahrung liegen. Das Allgemeinmenschliche daran braucht er an sich selbst nicht eigens zu demonstrieren; er überläßt das dem Betrachten seiner Gläubigen, die dieser Betrachtung in Hunderttausenden von Bildern, Mutter und Kind darstellend, Ausdruck verliehen haben. Bildern, in denen das Kind an der Mutterbrust gestillt wird oder an ihr schläft oder mit der Mutter spielt, oder von ihr irgendein Geschenk – eine Frucht, eine Blume – entgegennimmt, oder sie herzt oder von ihrem sicheren Schoß wie von einem Thron aus sich mit etwas auf es Zukommendem beschäftigt: den Schätzen der drei Könige oder dem kleinen Verwandten Johannes. Dies alles kann in frommer und auch

in verweltlichter Form dargestellt werden – auch die
strengen Ikonen verschmähen es nicht –, es bleibt
immer Verweis auf das echte Kindsein dessen, der
»in allem uns gleich wurde außer der Sünde« (Hebr
4,15).

Und doch muß die Kinderfahrung Jesu eine ganz
einmalige gewesen sein. Es ist ja der ewige Sohn Gottes, der Mensch wird, und dessen ewige liebende Bereitschaft, jeden Heilsplan des dreieinigen Gottes
auszuführen, sich durch den Heiligen Geist in einem
einzelnen Menschenkind konkretisiert. Ganz unmöglich ist, daß dieses Kind erst an irgendeinem
Zeitpunkt seiner Entwicklung zum Bewußtsein
kommt, daß es Gottes Sohn und insofern selber Gott
ist. So muß sein ursprünglichstes Bewußtsein, wie
implizit auch immer, sein Geborgensein im Schoß
des unendlichen, personalen Vaters gekannt haben.
Wenn das Kind Jesus in »urbildlicher Identität« im
Schoß seiner Mutter ruhend und aus ihm hervortre-
tend, durch die liebende Zuwendung Marias wie jedes Menschenkind die zweieinige Erfahrung macht,
eins zu sein mit der Mutter in ihrer Liebe, und von
ihr getrennt, weil diese Liebeseinheit das Anderssein
der Liebenden voraussetzt, und wenn, wie gezeigt
wurde, in dieser Urerfahrung der Horizont alles
Seins für das Kind sich öffnet, dann muß beim Kind
Jesus diese alles Menschliche begründende Liebeser-
fahrung unmittelbar durchsichtig gewesen sein auf
die Erfahrung seines Geborgenseins im Schoß seines
göttlichen Vaters, von ihm getrennt als der Sohn, sich
selbst als Sohn vom Vater empfangend, aber innerhalb der Trennung unzertrennlich geeint im gemeinsamen Heiligen Geist.

Wir zeigten aber, daß diese Urerfahrung beim

Menschenkind von einer ängstigenden Ahnung einer tieferen, gefährdenderen Trennung durchwaltet wird (die Mutter kann abwesend sein, wenn sie gebraucht wird, das Kind kann die Erfahrung machen, was es heißen würde, allein gelassen zu sein). Nun aber ist beim Kind Jesus die sich inkarnierende Sendung eine unteilbare Ganzheit, die das Ende der Gottverlassenheit immer schon in sich schließt: Die Haltung des Kindes antizipiert in keiner Weise ein ausdrückliches Wissen um das kommende Kreuz, wohl aber liegt in seinem vertrauenden Gehorsam an den Vater einschlußweise die Bereitschaft, soweit zu gehen, als der Liebeswille des Vaters es verfügen wird. Dieses Urvertrauen auf den Vater, durch keinerlei Mißtrauen getrübt, gründet im gemeinsamen Heiligen Geist von Vater und Sohn: im Sohn erhält der Geist das unerschütterliche Vertrauen lebendig, daß jede Verfügung des Vaters – und wäre es die Verwandlung der personalen Trennung in Verlassenheit – immer eine solche der Liebe sein wird, die jetzt, da der Sohn Mensch ist, mit menschlichem Gehorsam zu beantworten ist.

Wie aber kann in diesem Kind die Urerfahrung der Geborgenheit im mütterlichen Schoß sich gleichsam verdoppeln in der gleichzeitigen Urerfahrung der Geborgenheit im Schoß des ewigen Vaters? Die Antwort, daß dieses Kind, auf dessen tiefstem Seelengrund das göttliche Sohnesbewußtsein schläft, bei der Erweckung durch die Mutter die Eröffnung des ganzen Horizonts der Wirklichkeit nicht nur als etwas Heiliges erlebt, sondern als die Bewußtwerdung, daß in der Tiefe dieser offenen Seinsfülle das personale Antlitz seines ihm persönlich zugewendeten Vaters aufleuchtet, genügt zur vollen Durchleuchtung dieses Geheimnisses noch nicht. Es muß außerdem gesichtet werden, daß die jungfräuliche Mutter, die um die unmittelbare Herkunft des Kindes von Gott weiß, auch in der ersten Liebesumarmung ein lebendiger Hinweis auf das letzte Schoßgeheimnis vom Kind zum Vater gewesen ist. Die für ein gewöhnliches Kind relativ späte Unterscheidung zwischen der elterlichen und der göttlichen Liebe muß im Kind Jesus, wie implizit auch immer, vom ersten Augenblick menschlichen Bewußtseins lebendig gewesen sein, keineswegs als eine Abwertung der Einheit von Mutter und Kind, aber so, daß diese Einheit je schon als eine Gabe des Vaters im Heiligen Geist (der die Mutter überschattet hat) gespürt wird.

Und da die Magd des Herrn von Anfang an in vollkommenem Gehorsam verfügbar war, muß angenommen werden, daß auch bei ihr, wie unartikuliert auch immer, der Wille vorhanden war, Gott das ihr Geschenkte zurückzugeben, so wie Abraham bereit war, Gott den geschenkten Sohn der Verheißung wiederzuerstatten. Es wird nicht lange dauern, bis sie das Wort: »Dein Herz wird ein Schwert durchdringen« zu hören bekommt, das ihre grundsätzliche Bereitschaft zum Verzicht in ein in der Zukunft geborgenes Ereignis verwandelt. Weder Sohn noch Mutter brauchen vorweg eine bestimmte Vorstellung von Kreuz und Gottverlassenheit (worin die Mutter einbezogen werden wird: »Sieh da deinen Sohn«) besessen zu haben, aber beider Ja zur vollkommenen Trennung als Besiegelung der ursprungshaften Einheit war von Anfang an da.

Bei den meisten Menschen, die bald die Erfahrung der Sünde in der Welt machen, geht die Erinnerung an die konkrete Ursprungserfahrung in den Untergrund, und der offene Horizont der Wirklichkeit erfüllt sich mit vielerlei Gestalten, die vom abstrakt gewordenen Begriff »Sein, Realität« beisammen gehalten werden. Dieses Denken und Urteilen im Abstrakten gilt ihnen als Anzeichen des Selbständig- und Erwachsenwerdens. Für Jesus dagegen behält der alles durchwaltende einigende Grund immer die konkrete und personale Wirklichkeit des Vaters, so daß er abgrenzend von »meinem Vater« sprechen kann. Dies genau zeigt, in welcher Weise er auch als Erwachsener Kind bleibt, und weshalb er aus dieser bleibenden Eigenschaft heraus ein so einmaliges Verständnis und eine so einmalige Wertung des Kindseins behalten konnte. Wie er aber uns schuldigen Menschen einen Wiedergewinn des Verlorenen zumuten kann, das wird später noch eigens zu überlegen sein.

Vorerst soll herausgestellt werden, daß das Kind Jesus wie jedes menschliche Kind einen Prozeß der Reifung bis zum vollen Erwachsensein durchgemacht haben muß. Daß er zur letzten Reife seiner Sendung dreißig Jahre gebraucht hat, ist – gerade bei einer so einmaligen Sendung – keineswegs verwunderlich. Wir können die Stufen seiner immer tieferen Einweihung in seinen gottmenschlichen Auftrag nicht nachzeichnen – sie liegen tief verborgen in seinem Gebet, seiner innern Hingabe an den sich ihm immer abgründiger offenbarenden Vater, auch in der steigenden Aufnahmefähigkeit seiner sich auswachsenden menschlichen Natur. Und indem wir diesem Prozeß seinen vollen Zeitraum belassen, täten wir Unrecht, vor dem Wort des Zwölfjährigen: »Wußtet ihr nicht, daß ich in dem sein muß, was meines Vaters ist« schließen zu wollen, hier drücke sich schon sein voll ausgereiftes Sendungsbewußtsein aus. Das Wesentliche, das von Anfang an da war, kann sich im Wort des Knaben durchaus schon formulieren, sein Ruhen auch als Ausgesendeter, im Schoß und Willen des Vaters – und dieses Wesentliche übersteigt bereits das Verständnis der Eltern –, aber trotzdem bleibt dieses Sendungsbewußtsein seinem Alter angepaßt; die Vollreife wird erst sichtbar beim Ereignis der Taufe, bei der der Vater das in die öffentliche Aufgabe entlassende Wort spricht und dem Sohn den zum aktuellen Vollzug dieser Sendung notwendigen Heiligen Geist zusendet.

Es mag für uns schwierig sein, beides in Einklang zu bringen: das immer schon Dasein der vollen Sendung im Kleinkind, das von ihrer Ganzheit eine echte, wenn auch kindhafte Vorstellung hat, und das menschliche Reifen und immer tiefere Begreifen dieser Ganzheit, bis diese innerhalb des erwachsenen menschlichen Bewußtseins jene Fülle erreicht hat, die eine selbstverantwortliche Durchführung erlaubt. Und gerade an diesem Endpunkt bricht für uns die Schwierigkeit erst wirklich auf: Wie kann die Übernahme voller eigener Verantwortung für das, was man tut und zu tun beschließt, vereinbar sein mit der bleibenden Kindheitsgesinnung dem Vater gegenüber, aus dem der johanneische Jesus sagen kann: »Der Sohn kann nichts aus sich selber tun, er kann nur tun, was er den Vater tun sieht« (Joh 5,19)? »Der mich gesandt hat, ist mit mir, er hat mich nicht allein gelassen, weil ich allzeit tue, was ihm gefällt« (8,29). »Wer an mich glaubt, glaubt nicht an mich, sondern an den, der mich gesandt hat«, denn ich habe nicht aus mir selber geredet« (12,44.48). Und doch: »Auch wenn ich von mir selbst Zeugnis gebe, hat

mein Zeugnis Kraft, denn ich weiß, woher ich ge-
kommen bin und wohin ich gehe« (8,14).

So hat der Sohn als das Kind Spiel-Raum, und er
kann als die Weisheit Gottes »allzeit spielen in seiner Gegenwart, spielen über den Erdkreis hin« (Spr
8,30f.), aber das Wohlgefallen des Vaters füllt diesen
ganzen Spiel-Raum, so daß der Sohn immer tut, was
dem Vater gefällt und seinen »Auftrag erfüllt« (Joh
14,31).

Kinder Gottes werden

Wird man sich des wesenhaften Unterschieds bewußt, der zwischen den gewöhnlichen Menschenkindern und dem Sohn Gottes, der ein Kind wurde, aufklafft, so ist es unfaßlich, daß die ersten zu Kindern Gottes, wie Jesus Sohn des Vaters war, werden können. Man verstünde, daß wir Menschen seinetwegen mit dem Zärtlichkeitswort »Kinder« angeredet werden konnten, so wie Paulus seinen Schüler und Freund Timotheus als »mein Kind« anspricht (2 Tim 2,1). Man verstünde zur Not noch, daß der Vater uns Menschen aus Liebe zu seinem Sohn zu seinen Kindern »adoptieren« konnte, durch Loskauf (aus der Sklaverei des Gesetzes Gal 4,5), tiefer durch Empfang jenes »Geistes«, der auch den ewigen Sohn beseelt (Röm 8,15). Sieht man aber näher zu, so ist diese »Adoption« nirgends als ein bloßer Rechtsakt verstanden; der letzte Zweifel schwindet dort, wo davon die Rede ist, daß wir in diesem Ereignis nicht mehr aus irdischen Eltern (»nicht nach dem Blut, nicht nach dem Willen des Fleisches oder des Mannes«), sondern aus Gott geboren sind«. Und damit dieses Unbegreifliche soll stattfinden können, hat Gott dem ewigen Sohn dazu die »Vollmacht erteilt« (Joh 1,12–13). Gott der Vater ermächtigt seinen Sohn, uns mit ihm zusammen aus Gott gezeugt oder geboren sein zu lassen. Jesus nennt das im Gespräch mit Nikodemus »erneut« oder »von oben« geboren werden (Joh 3,3).

Wie soll das anders vorstellbar sein, als indem der Sohn Gottes uns durch seine Menschwerdung mit sich einigt, indem er sich vorweg mit uns identifiziert hat, mittels des geheimnisvollen Vorgangs, den wir als Stellvertretung oder als Für-Sein (Pro-Existenz) bezeichnen. Das geschieht nicht nur dann, wenn er »unsere Sünden auf sich nahm« (Jes 53,12 = 1 Joh 3,5), denn dann stünden wir einfach als Entschuldigte da, sondern tiefer dann, wenn er unsere ganze Person in sich hineinnimmt und aus uns einen »neuen Menschen« macht (Eph 4,24; Kol 3,10). Und wenn dies sich endgültig am Kreuz und in der Eucharistie vollzieht, so liegt dieses In-Sein schon im vorweltlichen Plan Gottes, denn der Vater »erwählte uns *in ihm* vor Grundlegung der Welt, bestimmte uns zuvor zur Sohnschaft durch Jesus Christus hin zu ihm«, dem Vater (Eph 1,4 f.). Unsere fleischliche Geburt ist zwar innerzeitlich das Erste (1 Kor 15,41), aber der Absicht nach ist sie auf das Zweite, Endgültige hingeordnet, um diesem »einverleibt« zu werden (Eph 3,6). Hier ist die Rede vom »Leib Christi«, als der die Gemeinschaft der Kirche bezeichnet wird, weit mehr als eine Redensart oder ein bloßes Gleichniswort, es bezeichnet eine Gesamtwirklichkeit, in der Christus auch als das Haupt, die übrigen Glieder zusammen als der ihm zugehörige Leib geschildert wird, ein Organismus, in welchem das Haupt nicht mehr getrennt von seinem Leib handeln kann und will. Und dies gerade auch, wenn er den Seinen »Vollmacht gibt, Kinder Gottes zu werden«, denn an diesem Akt beteiligt er ausdrücklich die Kirche: »Wenn jemand nicht aus Wasser und Geist geboren wird, kann er nicht in das Reich Gottes kommen« (Joh 3,5). Ohne Zweifel ist hier die Taufe gemeint, die in die Gemeinschaft der Glieder Christi einbezieht, wobei der göttliche Geist vom Vater und Sohn mitgeteilt wird: beides ist untrennbar, so daß die hier geborenen Kinder Gott zum Vater und die Kirche am Taufbrunnen zur Mutter erhalten, sofern sie in Christi Vollmacht handelt, und erst so in die Gemeinschaft der heiligen Kinder Gottes – Brüdern und Schwestern – eingereiht werden.

Das ursprüngliche Geschehen ist trinitarisch: Die Kirche soll »im Namen des Vaters und des Sohnes und des Heiligen Geistes« taufen (Mt 28,19), denn die Getauften werden mit Christus zusammen Kinder des Vaters, eine Kindschaft, die ihnen der Sohn vermittelt und der Empfang des Heiligen Geistes Gottes in ihrem eigenen Geist und Herzen verbürgt. Statt zu sagen, daß der Sohn uns in seine ewige Geburt aus dem Schoß des Vaters hineinzieht, wird in der kirchlichen Überlieferung oft gesagt, daß der Vater seinen Sohn in unser Herz hineingebiert; aber dieser Ausdruck (»Gottgeburt«) drückt genau das gleiche aus wie der erste. Aufgrund dieser Einbeziehung in seine Sohnschaft kann uns der Auferstandene nach Vollendung des ganzen Werkes der Stellvertretung seine »Brüder« nennen (Joh 20,17).

Dies ist unfaßliche Gnade, aber auch höchste Anforderung, denn nun ruft der Geist Christi unaufhörlich aus unserer Tiefe »Abba, Vater« (Gal 4,6; Röm 8,15), und diesem Ruf hat, wie Paulus uns eindringlich vor Augen hält, unser ganzes Dasein als Kinder zu entsprechen. Das fordert von uns eine dauernde Wiederholung dessen, was wir schon »vor Grundlegung der Welt« in der Idee Gottes waren, aber auch, was wir nach unserer Empfängnis und Geburt an »urbildlicher Identität« in der Trennung von der Mutter gelebt haben. Keinesfalls als Infantilismus, wohl aber in der Liebesbereitschaft des ewigen Sohnes zum »Gebot« (*mandatum*) des Vaters, und in der Zuflucht, im Sich-Anvertrauen, Sich-Erbitten und Sich-Verdanken mit Christus zusammen dem Vater gegenüber. All dies nach dem Vorbild Christi aus einer vollen Erwachsenheit und Verantwortung in der Sendung. Aber je mehr wir uns mit der uns anvertrauten Sendung identifizieren, wie der ewige Sohn es getan hat, desto inniger werden wir zu Söhnen und Töchtern des himmlischen Vaters: die ganze Bergpredigt zeugt davon. An den großen Heiligen läßt sich unmittelbar ablesen, daß christliche Kindlichkeit und Erwachsenheit in keiner Spannung zueinander stehen. Sie behalten bis ins hohe Alter eine wundersame Jugendlichkeit.

Hier könnte noch die Frage nach der Berechtigung der Kindertaufe auftauchen, aber ihre Diskussion würde den Rahmen dieser Betrachtung sprengen. Nur soviel sei gesagt: Das Neugeborene, das getauft wird, wird wesentlich in die umgreifende und einbergende Gemeinschaft der Heiligen aufgenommen, die keine zeitlos bestehende, sondern eine in Geschlechtern sich fortzeugende ist und deshalb wesensgemäß auch die Aufgabe der Erziehung Unmündiger in die christliche Reife hinein übernimmt. Es wäre diesen gegenüber ungerecht, sie als kleine Heiden und Katechumenen in die christliche Lehre und Existenz einzuführen, um sie zu einem schwer bestimmbaren Zeitpunkt den Glauben selbstverantwortlich wählen zu lassen. Einerseits bedürfen sie zu dieser Reifung selbst schon der Taufgnade, andererseits kann die Kirche als Glaubens-Communio rechtens Glaubende mit der Verantwortung beladen, für die Erziehung in den voll verantworteten Glauben des Kindes hinein besorgt zu sein. Man vergesse nicht, daß es vom Ursprung des Kindes her so etwas wie einen unanfechtbaren Glaubensinstinkt gibt, der auch nach der Trennung zwischen dem göttlich und dem menschlich Guten im Bewußtsein des Kindes für die Erziehung in den christlichen Glauben ein unschätzbares Kapital bildet. Und schließlich spendet die Kirche das Taufsakrament nicht, um für sich einen Zuwachs an Mitgliedschaft zu gewinnen, sondern um einen Menschen Gott zu weihen und ihm die Gottesgabe der Geburt aus ihm zu vermitteln. Sie ist befugt, ihn Gott zu schenken und ihn damit auch seiner besonderen väterlichen Obhut anzuvertrauen. Welches Maß an Fürsorge dabei mitzubedenken ist, kann nicht allein durch Verordnungen der Kirche, sondern durch die Mitüberlegung der Betroffenen entschieden werden.

Als Kinder Gottes leben

Vielleicht wird diese christliche Forderung, unsere Gotteskindschaft in allen Lagen unseres Daseins lebendig zu erhalten, schwerer, je mehr der technische Mensch alles selbst zu gestalten und zu verwalten sucht. Nicht nur der Materialismus meint, durch das Dogma des Atheismus den Menschen zu sich selbst erlösen zu können, sondern gleicherweise der Positivismus, der jede echt philosophische Frage verbietet und einzig durch die überblickbaren Fakten den Horizont sinnvollen Denkens absteckt. Der Mensch, der seinen rätselhaften Ursprung einholen und verstehen will, kann dies nur, indem er fortschreitend sich selber macht, und wir wandern entschlossen auf dieser Straße der Machbarkeit des Menschen voran. Damit ist gründlicher als je das wundersame Geheimnis des Kindseins entwertet. Aber da das Ideal der Selbstfabrikation des Menschen unfehlbar seine Selbstzerstörung ist – er wird zum Golem –, behält das christliche entgegengesetzte Leitbild der Geburt aus Gott, der Gotteskindschaft auch des erwachsenen, tätigen und erfinderischen Menschen seine volle, sogar steigende Gültigkeit.

Es gilt nun, die Wesenszüge des Menschen zu zeigen, der als Erwachsener die Gotteskindschaft darlebt. Sie werden am besten an Christus selbst abgelesen, der mit der übermenschlichen schweren Aufgabe beladen, die Welt als ganze zu Gott heimzuführen, alle Züge des Gotteskindes beibehalten hat.

Alle seine Worte und Taten verraten, daß er in ei-

nem ewigen kindlichen Staunen zum Vater auf-
blickt: »Der Vater ist größer als ich« (Joh 14,28).
Und zwar uneinholbar größer, sofern er der Ursprung von allem, auch des Sohnes ist, und dieser nie
daran denkt, diesen seinen Ursprung einzuholen: er
würde damit nur sich selber vernichten. Er weiß sich
als Gabe, die sich selbst geschenkt ist, und die nicht
wäre ohne den von der Gabe abgesetzten und sich
doch in ihr schenkenden Geber. Was der Vater
schenkt, ist Selbstsein, Freiheit, insofern Autono-
mie, die sich aber doch nur als Übereignung verstehen läßt. Jesu Auftreten zeigt die völlige Einheit zwischen einer für die Juden skandalösen Freiheit, die
sich sogar über ihre höchste Autorität, das Gesetz,
hinwegsetzt und es auf dessen göttliche Ursprünge
zurück relativiert – und seinen dauernden Blick auf
den Vater: »Der Sohn kann nichts aus sich selber tun,
er kann nur tun, was er den Vater tun sieht, . . . denn
der Vater liebt den Sohn und zeigt ihm alles, was er
tut« (Joh 5,19). Oberhalb des abstrakten Gesetzes
wirkt der konkrete Geist, der Vater und Sohn ge-
meinsam ist, und Geist der Freiheit ist, den mensch-
gewordenen Sohn aus dessen innerstem Freisein das
absolut Richtige erkennen läßt, das aus der appella-
tionslosen Freiheit des Vaters hervorleuchtet. Aber
dieses Höchste ist dem Innersten des Sohnes übereignet: »Ich und der Vater sind eins« (Joh 10,30), denn
indem der Vater dem Sohn alles übereignet, gehört
zu diesem Alles auch die väterliche Freiheit. Und gerade diese Übereignung ist Gegenstand unendlichen
Staunens, Bewunderns und Dankens. Denn der Akt
der ewigen Übereignung des Vaters an den Sohn ist
immer Gegenwart, niemals etwas abgeschlossen
Vergangenes, Gewesenes oder jenseits des freien

Liebesergusses Gesolltes, Einzuforderndes. Auch
wenn es das unvordenklich Erinnerte ist, bleibt es
das immer neu Angebotene, gleichsam im unendlichen Liebesvertrauen Erhoffte. Das menschliche
Kind Jesus staunt gewiß über alles: vom Dasein der
liebenden Mutter zurück auch über sein eigenes Dasein und von beidem her über alle umgebenden Gestalten der Welt, vom kleinsten Blümchen bis zu dem
unabsehbaren Himmel. Aber dieses Staunen stammt
von dem viel tieferen Staunen des ewigen Kindes, das
im absoluten Geist der Liebe über die alles durchwaltende und übersteigende Liebe selbst staunt. »Der
Vater ist größer«: es bleibt bei diesem Komparativ,
der weit mehr meint als ein Positiv »groß«, weit
mehr auch als ein Superlativ »der Größte«, womit
ein unüberschreitbarer Abschluß erreicht wäre. Der
Komparativ ist die Sprachform des Staunens.

In der Menschenwelt das kindliche Staunen zu be-
wahren, ist nicht leicht, da so vieles in der Erziehung
auf das Anlernen von Gewohntem, Beherrschtem,
automatisch Funktionierendem abzielt. Die Techni-
sierung – elektronische Spielzeuge für Kinder – tut
zu dieser Freude am Beherrschen ein übriges. Aber
durch alle Lebensalter bleibt die Unbeherrschbarkeit
des mitmenschlichen Du, das christlich – vom zwei-
ten Teil des Hauptgebotes aus – Anlaß zur staunen-
den Ehrfurcht vor der fremden Freiheit bleibt, gerade
weil diese Freiheit nur unter dem Vorzeichen der
Liebe angegangen werden soll. In der aufblühenden
erotischen Beziehung des Heranwachsenden wird
das ursprüngliche Staunen nochmals ursprünglich
wach, und die christliche Aufgabe liegt darin, diese
Beziehung aus der sinnlichen Oberfläche in die Herz-
tiefe einzusenken, in der sie auch nach der Verflüch-

tigung des sinnlichen Antriebs das ehrfürchtige Staunen vor der Hingabe des Partners in den Angewöhnungen des gemeinsamen Lebens lebendig erhalten kann. Aber es gibt für den zum Absoluten hin Geöffneten doch auch ein Staunen angesichts der äußerlich bekannten Natur: Gewiß – die Saat geht auf, der Frühling kehrt wieder, die unterschiedlichen Tierarten sind bekannt, aber bleibt es nicht staunenswert, daß es das alles gibt? Ist das Entgegenleuchten einer Blume oder der flehende oder dankbare Blick eines Hundes nicht ebenso staunenswert wie das Funktionieren eines neuen Flugzeugs (in welchem wir mehr den erfinderischen Geist des Menschen als die folgsame Materie bewundern)?

»Der Vater ist größer als ich« erhält sich verborgen in allen menschlichen Erfahrungen. Gott bleibt auch in dem, was er seinen Geschöpfen zu eigen übergeben hat, der immer Größere. Keine liebende Zuwendung einer geschaffenen Freiheit, sogar einer Sache (der die Fähigkeit, sich zu geben, verliehen ist) kann der Empfänger je in den Griff bekommen.

Daraus ergibt sich als zweites unmittelbar der elementare Dank, den wir wiederum urbildlich am ewigen Kind Jesus ablesen können. Dank, griechisch *eucharistia*, ist der Inbegriff der Haltung Jesu dem Vater gegenüber. »Vater, ich danke dir, daß du mich erhört hast«, sagt er am Grab des Lazarus, im Bewußtsein, daß ihm der Vater die Kraft der Totenerweckung geschenkt hat (Joh 11,41). Der gleiche bittende und dankende Aufblick zum Himmel bei den Brotvermehrungen (Mk 6,41 par), die das Vorspiel sind zur endgültigen Eucharistie, bei der er das Brot und den Wein nur unter Danksagung an den Vater austeilt, der ihm diese höchste Selbstverschwendung gewährt (Mk 14,23; Mt 26,27; Lk 22,17.19; 1 Kor 11,24). Gerade hier, wo er sich selber hingibt, erfolgt die entschiedenste Danksagung, was allen bewußt bleiben müßte, die das Wort Eucharistie in den Mund nehmen. Jede Eucharistiefeier der kirchlichen Gemeinde ist wesenhaft Danksagung an den Vater, in der alle Teilnehmer mit dem Sohn zusammen für das »Große Gastmahl« danken, an dem sie nicht nur teilnehmen, sondern sich mit dem Sohn zusammen verschwenden dürfen. Paulus wird an fast unzähligen Stellen seinen Gemeinden diese Dankbarkeit zu Gott in Erinnerung rufen und ebenso oft selber Gott danken, daß er die Gnade erhalten hat, sich für das Werk Christi verschwenden zu dürfen: »Dankend dem Vater, daß er uns fähig gemacht hat . . .« (Kol 1,12), und dies »unaufhörlich« (1 Thess 2,13).

Das menschliche Kind ist in allem auf freie Zuwendungen angewiesen, bei ihm sind Bitte und Dank noch ununterscheidbar beisammen. Weil es bedürftig ist, ist es auch – noch vor jedem freien, sittlichen Entschluß – ursprünglich dankbar. Und wenn man dem Älterwerdenden einschärft: »Sag *bitte*«, »sag *danke*«, so lehrt man ihn nichts Neues, sondern sucht, das urtümlich Vorhandene in die bewußtere Sphäre hinüberzuretten. Es müßte hierbei nicht nur um einzelne Gaben gehen, es müßte auch das ursprüngliche Bewußtsein, selbst, als Ich, zum Geschenkten zu gehören und dafür danksagen zu müssen, in die Sphäre des sich selbst vollziehenden Bewußtseins miteingeborgen werden. Kindsein heißt sich verdanken, und da wir in unserem erwachsenen Leben nie dazu gelangt sind, unser Ichsein nicht mehr verdanken zu müssen, entwachsen wir damit auch nie unserem Kindsein, und mit der Verpflich-

tung des Sich-Verdankens auch nie der Notwendigkeit des Sich-Erbittens. Die Menschen vergessen dies
als einzelne und in ihren Kulturen und Institutionen;
nur die christliche Religion, die wesentlich durch das
ewige Kind Gottes vermittelt wird, hält in ihren
Gläubigen lebenslang das Kindesbewußtsein wach,
bitten und danken zu müssen. Jesus dringt auf dieses
kindliche »sag *bitte*«, »sag *danke*«, nicht, weil sonst
Gaben verweigert würden, sondern damit sie als Gaben erkannt werden. »Bittet, und es wird euch gegeben werden, sucht, und ihr werdet finden, klopft an,
und es wird euch aufgetan werden« (Mt 7,7), mit solcher Gewißheit, daß ihr im Bitten schon für das Er-
haltene danken könnt (Mk 11,24).

Hier entspringen auch die Verbote der Bergpredigt, für den morgigen Tag zu sorgen und die Vater-
unser-Bitte, nur das heutige Brot zu erflehen. Beides
ist nur für Kinder Gottes verständlich; denn wenn
Kinder um etwas bitten, so stets im Unmittelbaren,
und wenn sie sich an den gedeckten Tisch setzen, so
denken sie in keiner Weise an das morgige Essen. Erwachsene, die für sich und die Kinder zu sorgen haben, werden nicht anders können als vor-sorgen. Jesus erzählt auch die Parabel vom »Verwalter des ungerechten Mammon« (Lk 16,1–7), der vom Eigentü-
mer abgesetzt wird, und der überlegt, was er nach
seiner Entlassung tun wird: »Ich weiß, was ich tue,
damit sie mich, wenn ich von der Verwaltung abgesetzt bin, in ihre Häuser aufnehmen.« Jesus lobt ihn,
freilich nur innerhalb seiner weltlichen »Klugheit«,
die größer ist als diejenige der »Söhne des Lichtes«.
Aber für diese soll die Vorsorge keine innerweltliche
sein: »Macht euch Freunde mit dem ungerechten
Mammon, damit man euch, wenn es zu Ende geht, in

die ewigen Zelte aufnimmt« (Lk 16,9), heißt doch wohl: gebt den Armen das Eurige dahin, damit ihr euch dadurch »einen Schatz im Himmel« anlegt (Mt 19,21). Dies aber ist nochmals eine kindliche Haltung, da Kinder zum Schenken bereit sind und den notwendigen Gegenpart zu jenen bilden, die vergeblich für den morgigen Tag vorzusorgen suchen. Jesus entwirft keine Gesellschaftsordnung, in der reiche Länder den armen beizustehen haben, er entwirft nur eine solche Gemeinschaft zwischen den Entbehrenden und den Besitzenden, in die er sich selber als das endgültige Kriterium rechten kindlichen Verhaltens einschaltet: »Ich war hungrig, durstig, fremd, nackt, krank, gefangen«, und ihr habt mir gegeben oder nicht gegeben, ihr seid schenkende Kinder oder geizige Erwachsene gewesen, und danach werdet ihr endgültig beurteilt (Mt 25,37–46). Die kindliche Nicht-Sorge und die kindliche Gebefreudigkeit ergänzen einander in der Menschheitsvision des großen Kindes des Vaters.

Ein Drittes, was die Kindlichkeit christlichen Lebens lebendig erhält, ist das innerste, mysteriale Wesen der Kirche. Gewiß herrscht in ihr eine durchgehende Brüderlichkeit, die Jesu Wort unterstreicht, wir alle seien Brüder, weshalb keiner sich Vater oder Lehrer nennen soll, »Denn einer ist euer Vater: der Vater im Himmel«, und »einer ist euer Lehrer, Christus« (Mt 23,8–10). Also Brüderlichkeit nur unter dem gemeinsamen Vater und dem Lehrer für alle, der freilich, ohne die Brüderschaft aufzuheben, seine Lehrerschaft zum Aufbau der Kirche delegiert hat: »Wer euch hört, hört mich« (Lk 10,16), und in ihm, dem göttlichen Wort, den Vater. Hier ist ein neuer Raum für christliche Kindlichkeit: im kirchlichen

Empfang der von Christus autorisierten Sakramente, der Verkündigung seines Wortes und der von ihm verfügten Leitung. Beim Sakrament ist es am klarsten. Gott allein veranstaltet in der Kirche das große eucharistische Gastmahl, zu dem wir als seine Kinder geladen sind; er allein verleiht im Sakrament die Vergebung der Sünden und den Heiligen Geist, er allein nimmt ein eheliches Treueversprechen hinein in die Unauflöslichkeit des Ehebundes zwischen Christus und seiner Kirche, er allein weiht einen Menschen zu sakramentalen Vollmachten oder zu einer Lebenshingabe in endgültigen Gelübden. Jeder, der zu einem Sakrament hinzutritt, ist kindhaft reiner Empfänger, auch wenn er das Seine beitragen muß, das aber nichts anderes ist als die vollkommene Kindesbereitschaft. Bei der Predigt hat grundsätzlich dieselbe Haltung des kindhaften Empfangs zu herrschen (wer vermäße sich, mit Gottes Wort zu hadern?), nur darf hier der Empfänger dank des ihm persönlich geschenkten Heiligen Geistes unterscheiden zwischen dem, was in der Predigt oder sonstigen Unterweisung Wort Gottes und was verunklärendes Menschenwort ist. Aber wir alle bleiben dem Gotteswort gegenüber Kinder, die nicht alles bis auf den Grund verstehen, und haben uns deswegen zu hüten, unser Unverständnis als die objektive Grenze in der Aufnahme der verkündeten Lehre einzusetzen. In der Schule haben die Kinder dauernd Dinge zu lernen, die sie noch nicht wissen. An dies ist auch dem kirchlichen Hirtenamt gegenüber zu erinnern: Das biblische Bild von den Schafen, vom Guten Hirten auf die Weide geführt, deutet nicht auf Unmündigkeit, sondern auf die Lenkbarkeit auch von mündigen Christen. Diese Fügsamkeit muß, in der Nachfolge Christi selbst, innerlicher sein als jede mehr Peripheres betreffende Kritik am kirchlichen Führungsstil. Denn bei aller menschlichen Unvollkommenheit gehorcht auch der mit der Last der Führung Beladene zuerst in einem schlichten Gehorsam: »Weide meine Schafe« (Joh 21,17), tu es »nicht als Herrscher über deine Gemeinde, sondern als Vorbild für die Herde« (1 Petr 5,3). Nur im Blick auf die Gefügigkeit und den Gehorsam des ewigen Sohnes darf und muß sich der Christ des Vorwurfs erwehren, in seiner Kirche als ein Minderjähriger behandelt zu werden, auch die immer drohende Versuchung überwinden, die kirchliche Brüderschaft mit einer weltlichen Demokratie zu verwechseln.

Ein Viertes und Letztes. Das Kind hat Zeit, eine unverrechnete, nicht geizig gehamsterte, sondern in Gelassenheit entgegengenommene Zeit. Zeit zum Spielen. Zeit zum Schlafen. Es weiß nichts von einem Terminkalender, in dem vorweg jeder Augenblick schon verkauft ist. Wenn Paulus uns mahnt, die »Zeit auszukaufen« (Kol 4,5; Eph 5,16), meint er vermutlich gerade das Gegenteil, nämlich die Stunden und Tage nicht wie billige Ware zu vergeuden, sondern die geschenkte Zeit jetzt in ihrer Fülle zu leben, wobei es weder um »Auskosten« noch um »Ausnützen« geht, sondern einzig um den dankbaren Empfang eines dargereichten vollen Bechers. Der Augenblick ist voll, weil sich in ihm gleichsam mühelos die ganze Zeit sammelt: Die Erinnerung an das Je-schon-Empfangen-Haben ist ebenso in ihm aufgehoben wie die Hoffnung, jetzt Zeit zu erhalten. Deshalb erschrickt das Kind nicht über die Flüchtigkeit des Augenblicks, deren Wahrnehmung verhindern würde, ihn voll zu nehmen, ihn »auszukaufen«.

Nur in einer solchen Zeit ist Spiel möglich, aber auch das abwehrlose Sich-dem-Schlaf-Überlassen. Und nur in einer solchen Zeit ist es dem Christen möglich, Gott in allen Dingen zu finden, so wie Christus in allen Dingen den Vater gefunden hat. Der pressierte (das heißt gepreßte) Mensch verschiebt die Begegnung mit Gott auf einen – immer wieder hinausgeschobenen – »freien Moment«, eine »Gebetszeit«, die er sich mühsam seinem überlasteten Tagwerk abringt. Ein Kind, das Gott kennt, kann ihn jeden Augenblick finden, weil jeder Augenblick bis auf den Grund der Zeit reicht, gleichsam auf der Ewigkeit aufruht. Und diese Ewigkeit wandert unverändert mit der vergehenden Zeit. »Ich bin, der ich bin« definiert sich Gott, was auch heißt: Ich bin so, daß ich in jedem Werdens-Augenblick immer gegenwärtig sein werde.

Kindsein vor allem

Manche sehen in der Mitte der christlichen Religion groß aufgerichtet das Kreuz. Seit den ersten Graffiti, gezeichnet, um die Christen zu verhöhnen, durch alle großen Stile christlicher Kunst hindurch, steht das Zeichen des Kreuzes als das zentrale Symbol für den Glauben an Jesus Christus. Ob es als konstantisches Siegeskreuz oder, wie in Ravenna, als strahlendes Auferstehungskreuz oder als gotisches Schmerzenskreuz gezeigt wird: In allen Formen liegt hinter dem Kennzeichen des Christen eine furchtbare, historisch erfolgte Untat, eine Weise der Folterung, von der Cicero sagt, sie sei »die allergrausamste, abscheulichste Marter« der ein Mensch unterworfen werden kann (In Verr. II 5). Und ins Kreuz hinein ist der Christ seinem Meister zu folgen aufgefordert, kein Erlösungsweg führt an ihm vorbei. »Wer nicht täglich sein Kreuz auf sich nimmt« (Lk 9,23), kann Jesu Jünger nicht sein.

Wir wissen aber andererseits, daß Jesu Kreuzesleiden nur darum erlösend war, weil er als der ewige Sohn Gottes die Menschheit als ganze vor dem Vater darstellen und für sie sühnen konnte, und daß deshalb in seiner Nachfolge ein Verzicht oder Schmerz nur deshalb sinnvoll und fruchtbar sein kann, weil der Leidende zunächst durch den ewigen Sohn zu einem Kind Gottes gemacht wurde.

Schlagen wir den Johannesprolog auf, so ist in ihm nirgends vom Kreuz die Rede, sondern davon, daß von Ewigkeit her in Gott sein Wort, sein Sohn, war, der das schöpferische Licht und Leben der Welt ist, menschliches Fleisch angenommen hat und denen, die ihn aufnahmen, die Macht gab, aus Gott geboren, also mit ihm zusammen Kinder Gottes zu werden. Das Wort Gottes wird ausdrücklich als sein Einziggeborener Sohn bezeichnet, der uns jenseits des mosaischen Gesetzes die »Herrlichkeit« des Vaters gezeigt und »Gnade über Gnade«, die »Fülle« von »Gnade und Wahrheit« geschenkt hat. Damit hat er uns den für alle verborgenen Gott als der Einzige, der ihn aus ewiger Erfahrung kennt, »ausgelegt«, nicht äußerlich wie ein Lehrer seine Schüler belehrt, sondern durch die innere Teilnahme an seiner Kindschaft (Joh 1,1–18).

Der Prolog zum Epheserbrief, den wir schon einmal anführten, legt uns den ursprünglichen Heilsplan Gottes dar. Wir werden aufgefordert, mit einem segnenden Lobpreis Gottes zu beginnen, »des Vaters unseres Herrn Jesus Christus, der uns mit jeder Art von geistlichem Segen im Himmel gesegnet hat in Christus; denn in ihm hat er uns auserwählt vor Grundlegung der Welt, auf daß wir heilig und makellos seien vor seinem Angesicht. In Liebe hat er uns durch Jesus Christus vorausbestimmt zur Sohnschaft in ihm nach dem Wohlgefallen seines Willens zum Lob seiner herrlichen Gnade, mit der er uns in dem Geliebten begnadet hat« (Eph 1,3–6). Das ist der erste Zweck der Schöpfung: unsere Kindschaft im einzigen Sohn, zu einer gegenseitigen Segnung zwischen dem Vater und den Kindern; erst um dieses Ziel zu erreichen, wird im nächsten Vers das Mittel genannt: »die Erlösung durch sein Blut, die Vergebung der Sünden dank dem Reichtum seiner Gnade« (1,7).

Und der Prolog zum Hebräerbrief, der nachher vor

allem vom Hohenpriestertum Christi handeln wird,
beginnt gleichfalls mit der Aufgipfelung aller Teilof-
fenbarungen Gottes in seiner alles umfassenden
Selbstaussprache in dem zum Gesamterben der Welt
eingesetzten Sohn, dem die höchsten Attribute zuge-
sprochen werden: Er ist »der Ausstrahl der Herrlichkeit« Gottes, die »Ausprägung seines Wesens«.
Seine Erhabenheit über die Engel wird ausführlich
beschrieben, denn diese sind alle »nur dienende Gei-
ster, zum Dienst ausgesandt, um derer willen, die das
Heil erben sollen«. Und wenn der ewige Sohn für uns
sein Erlösungswerk durchführt, so um uns mit sich
zusammen dem Vater vorzustellen: »Siehe, hier sind
wir, ich und die Kinder, die Gott mir gegeben hat.«
Der Unterschied zwischen dem ewig vom Vater Ge-
zeugten und uns in die Zeit hinein Geschaffenen
wird gleichsam übersehen, und damit auch der Unterschied zwischen »dem, der heiligt und denen, die
geheiligt werden«, denn »Gott, durch den und für
den alles ist, wollte alle Söhne zur Herrlichkeit führen . . . Der heiligmacht, und die geheiligt werden,
stammen ja alle von einem Einzigen (vom Vater) her,
deshalb schämt er (der Sohn) sich auch nicht, sie Brüder zu nennen« (Hebr 1–2).
Noch andere Eingänge sind auf den gleichen Ton
gestimmt: der Kolosserbrief, die beiden Petrusbriefe,
der große Johannesbrief. Überall wird bald und ausführlich von der Erlösung durch die Leiden des Sohnes gesprochen werden, aber alles, was die Form der
Erlösung betrifft, sowohl Jesu »bahnbrechendes«
Leiden (Hebr 12,2) wie dessen Nachfolge gehört zum
Weg auf das Ziel, zum Mittel auf den Zweck hin.
Und nur weil Christus zuerst der ewige Sohn ist,
kann er die Heilstat vollbringen und uns durch sie zu

Söhnen machen, und – was von den Christen oft vergessen wird – nur weil und insofern sie zuerst Söhne und Töchter des Vaters sind, hat ihr Leiden, ihr Lebenskampf und ihr Sterben einen miterlösenden Wert. Die vielen Leiden, von denen Paulus erzählt, daß er sie durchzustehen hatte, wurden alle »in Christus«, von einem Glied an seinem mystischen Leib gelitten, um teilnehmen zu können an dem »heiligen Tausch«, der am Kreuz geschah: »Allzeit tragen wir Jesu Todesleiden in unserem Leibe«, damit wie »in uns der Tod, so in euch das Leben wirksam« sei (2 Kor 4,10.12).

Jesus leidet also als der Sohn. Zum erstenmal wird in seinem eigenen Gebet das Kinderwort »Abba«, Väterchen, am Ölberg hörbar (Mk 14,36). Auch wenn der Vater jetzt nicht mehr antworten kann, so wird doch das ganze Leiden bis hin zum Verlassenheitsschrei am Kreuz im Geist der Kindschaft durchlitten. Und nachdem der Sohn durch alle Schrecken des Karsamstags – wie ein verirrtes Kind durch einen unheimlichen Urwald – geführt worden ist, kann er am Ostertag triumphierend verkünden: »Ich fahre auf zu meinem Vater und zu eurem Vater« (Joh 20,17), denn nun hat er erreicht, daß die Seinen mit ihm zusammen Söhne geworden sind, »mitauferweckt und mitversetzt in den Himmel« (Eph 2,6).

Es gibt also über die bleibende ehrfürchtige Distanz zwischen ihm, unserem »Herrn und Meister« (Joh 13,13), und uns eine bestimmte Gleichheit vor dem Vater, die es erlaubt, daß wir in der Kirche das tun dürfen, was er mit uns tut: Wir dürfen ihn dem Vater für uns vorstellen, so wie er uns dem Vater vorstellt. Er selber will das, wenn er uns die Vollmacht gibt: »Tut dies zu meinem Gedächtnis«. So wagt es die Kirche, ihn als Bürgen für die Menschheit dem Vater vorzustellen: »Schau gütig auf die Gabe deiner Kirche; sie stellt dir das Lamm vor Augen, das geopfert wurde und uns nach deinem Willen mit dir versöhnt hat . . . Dieses Opfer unserer Versöhnung bringt der ganzen Welt Frieden und Heil« (Drittes Hochgebet). Diese Darbringung wird, da Christus sein eigenes Opfer der Kirche geschenkt hat, für sie selbst zu einer dem Vater dargebrachten Opfergabe: »Wir bringen aus den Gaben, die du uns geschenkt hast, dir, dem erhabenen Gott, die reine, heilige und makellose Opfergabe dar, . . . nimmt sie an, wie einst . . . das Opfer unseres Vaters Abraham« (Erstes Hochgebet). Kostbareres konnte Christus uns, seinen Brüdern, nicht übergeben, um es dem Vater darzubringen, und dies, »damit deinem Namen das reine Opfer dargebracht werde . . . bis ans Ende der Zeiten« (Drittes Hochgebet). Mit Zuversicht und ohne Überheblichkeit dürfen wir als kirchliche Gemeinschaft sprechen: »Sieh her auf die Opfergabe, die du selber deiner Kirche bereitet hast, und gib, daß alle (daran) Anteil erhalten« (Viertes Hochgebet).

Die Hände der Kirche strecken dem ewigen Vater das ewige Kind entgegen, damit er zunächst nur dieses sehe, aber dann in diesem einen Kind alle andern Kinder, die das Kind mit sich nimmt, um nicht ohne sie vor dem Vater zu erscheinen.

Und nun gibt es auch so etwas wie das ergänzende Umgekehrte. Jesus sagt am Ende seiner Abschiedsrede: »An jenem Tag werdet ihr in meinem Namen bitten, und ich sage euch nicht, daß ich den Vater für euch bitten werde, denn der Vater liebt euch« (Joh 16,26). Hier ist es das ewige Kind, das uns dem Vater entgegenstreckt, nicht mehr als der »Anführer« und

»Mittler«, der unser Sprecher beim Vater ist, sondern indem er, gleichsam hinter uns stehend – sein Mittlerwerk ist vollbracht –, uns unmittelbar der Liebe des Vaters aussetzt. Wenn vorher die Kirche als Priesterin den Sohn dem Vater geopfert hat, so ist es jetzt der Sohn als »der ewige Hohepriester«, der uns dem Vater opfert.

Dies alles ist gewiß höchster dramatischer Ernst und doch zugleich eine Art himmlisches Spiel, in dem alle Variationen der göttlichen Liebe von den Kindern Gottes durchgespielt werden. In diesem Spiel wird deutlich, daß die ganze Tragik des Kreuzes und alles, was zum Hohenpriestertum Christi und zum gemeinsamen und besondern Priestertum der Gläubigen gehört, seinen bleibenden Grund im dreieinigen Kindschaftsgeheimnis Gottes besitzt.

Der Primat des Kindseins vor dem ganzen Erlösungsgeschehen, das den Sohn Gottes vom menschlichen Kindsein über sein öffentliches Wirken und Verworfenwerden bis zum hohenpriesterlichen Amt am Kreuz führt, das auch die aus der Seitenwunde kindlich-geborene Kirche in den zustimmenden priesterlichen Mitvollzug des Kreuzes (je neu in der Eucharistie und im Alltag) aufnimmt: dieser Primat sagt deutlich, daß die ganze Erlösungstat mit ihrem höchst erwachsenen Ernst, schließlich doch nur in der Kindesgesinnung des Gottmenschen und im Kinderglauben seiner Braut, der Kirche, vollzogen werden kann. Sosehr wir im Sohn die Gegenwart des Vaters zu erkennen haben (»Wer mich sieht, sieht den Vater«), sowenig verschwindet dabei doch die Gestalt und das Antlitz des Sohnes. Auch wenn der Prophet dem Messiaskind den Namen »Ewig-Vater« zuspricht (Jes 9,5), und dieses in gewisser Weise als der

Erzeuger seiner Kirche und ihrer ganzen Heilsmacht in der Weltgeschichte zu gelten hat, es ersetzt dabei doch niemals seinen Vater, sondern repräsentiert höchstens für uns dessen väterliche Eigenschaften. Die Kirche, sofern sie unsere Mutter ist, darf dies nie aus den Augen verlieren: Kein Mädchen wird als Mutter geboren, keine Mutterschaft fällt fertig vom Himmel, deshalb ruht auch die gnadenhafte Mutterschaft der Kirche auf ihrer primären, unvergessen sich durchhaltenden Kindschaft aus. Das muß im Auge behalten werden, wenn wir abschließend dazu übergehen, die unentbehrliche Mutter des Kindes Jesus zu betrachten.

Die Mutter, das fruchtbare Kind

Viele Legenden umranken die uns unbekannte Kindheit Marias; die bekannteste ist ihr Gang in den Tempel, um dort als Tempeljungfrau Gott ganz geweiht zu sein. Aber wir bedürfen dieses äußern Ereignisses nicht, denn der Glaube versichert uns, daß Maria schon als Gott eigens Geweihte ins Dasein trat und in jedem Augenblick ihres Lebens als einzige die »makellos Heilige« blieb, als die sie Gott in seinem ewigen Heilsplan für alle Menschen auserwählt hatte (Eph 1,4). Als einzige, denn in diesem Plan hatte sie einen besonderen Platz: Sie sollte Mitursache der Menschwerdung des Erlösers aller übrigen werden und ihm deshalb, sofern er Menschenkind wurde, auch menschliches Vorbild sein können. Und dies wiederum hätte sie nicht gekonnt, wenn sie nicht, vom Heiligen Geist belehrt, um des Sohnes ewige Kindschaft im Schoß des Vaters gewußt hätte. Sie mußte das zeitliche Kind als Mutter belehren, über das sie vorweg durch den Heiligen Geist als das Kind Gottes belehrt worden war.

Wie kein anderes Geschöpf war sie deshalb in alle Geheimnisse des Kindseins eingeweiht, und das Unerhörte, aber Wesentliche an ihr war, daß sie auch durch körperliches und geistiges Reifen über diese Gotteskindschaft nicht hinauswachsen konnte. Wie immer ihr Verhältnis zu ihren irdischen Eltern sich im Prozeß ihres Reifens gewandelt haben mag, da der Schatten der Erbsünde nicht auf sie fiel, blieb ihr Kindschaftsverhältnis zu Gott davon ungetrübt. Und so wurde sie von der Gnadenführung Gottes dazu befähigt, als Kind mütterlich fruchtbar und als Mutter unversehrt kindlich zu bleiben.

Vorweg soll ins Blickfeld treten, daß Maria einst unter dem Kreuz von ihrem Sohn zur Mutter-Kirche bestimmt werden wird (»Siehe da deinen Sohn«), und daß sie auch als die urbildliche Kirche die gleichen kindhaften Züge wird tragen müssen, die sie seit Anbeginn hatte, und ohne die sie die Christen nicht durch Sakrament und Lehre zu Gotteskindern heranbilden könnte.

Alles beginnt bei dem jungen Mädchen, das vom Engel, der ihm den Gruß Gottes zuträgt, als Mutter des »Sohnes des Allerhöchsten« bezeichnet wird. Maria erfährt damit, daß der Allerhöchste schon immer einen Sohn im Schoß trägt, und daß dieser Sohn sich ihren Schoß als Wohnstatt erwählt hat. Würde sie mit einem gewöhnlichen »erwachsenen« Verstand auf ihre eigenen Möglichkeiten reflektieren, so wäre das Ergebnis ihrer Überlegung einfach: »unmöglich«. Welche Proportion sollte zwischen dem Schoß Gottes und einem engen, dunklen menschlichen Schoß bestehen? Aber als das vollkommene Kind Gottes reflektiert sie nicht auf sich, sondern stellt sich – gerade aus dem Abstand der »niedrigen Magd«, auf die der Herr herabzublicken geruht hat (Lk 1,48) – jedem Wirken Gottes zur Verfügung. »Siehe, ich bin die Magd des Herrn, mir geschehe nach deinem Wort« setzt eine reine Kindesgesinnung voraus, die dem Vater alles zutraut, auch, wenn er will, in ihr Verhältnis zu Joseph, dem sie verlobt ist, einzugreifen.

In dem, was aus diesem Jawort folgt, wird in der Geschichte Gottes mit den Menschen etwas zum erstenmal sichtbar, und zwar sogleich in vollendeter

Urbildlichkeit: daß das spontan zutrauende, dem göttlichen Vater alles zumutende, in der unbeschwerten Freiheit gesprochene Kindeswort sogleich das in sein Inneres eingesenkte Gotteswort, welches Gottes ewiges Kind ist, fruchtbar macht. Im Alten Bund, wo leibliche Fruchtbarkeit den erwachsenen Leib und Geist voraussetzte, konnte das noch nicht sichtbar werden, und ebensowenig in Jesu Parabeln, da er an den gewöhnlichen menschlichen Verhältnissen exemplifiziert (»Ein Mann hatte zwei Söhne«). Aber was in Maria zum erstenmal aufbricht, wird fortan in der Kirche Christi reale Möglichkeit bleiben: Die Fruchtbarkeit des Kindes, das ohne Rücksicht auf erfolgte geschlechtliche Reife aus seiner ganzen leibseelischen Einheit für Gott Frucht tragen kann. Offenstehen für Gott bis zum Grund ist die einzig verlangte Voraussetzung dafür.

Das Kind aber muß in die Schule. Maria wird während der Zeit ihrer Schwangerschaft in eine strenge Lehre beim Heiligen Geist genommen.

Nicht ihr Leib als solcher muß die Mutterschaft erlernen, sondern sie als Ganze muß lernen, was man als Gottesmutter zu sein und zu tun hat. Als Immaculata hat sie den Geist von jeher innen in sich, denn in einem äußerlichen Lehrgang hätte sie das Nötige niemals erlernt. Sie wird beides gleichzeitig tun müssen: ihr Kind ins Menschsein einführen, und das heißt nicht bloß, es gehen und sprechen lehren, sondern es auch in die Religion der Väter einführen, und sie muß immer mehr von ihrem Kind lernen, wie man sich als Kind Gottes benimmt. Schon während der Schwangerschaft war vieles zu lernen: die mütterlichen Ängste überwinden, der Geburt, den noch unvorstellbaren mütterlichen Aufgaben einem solchen Kind gegenüber gewachsen zu sein. Irgendeine Ahnung ist da, daß auch das Kind in Ängste und Schmerzen hineingestoßen werden wird: wird die Mutter, dann von ihrem Kind getrennt, diesen Erlebnissen gewachsen sein? Und wenn das Kind wirklich »Sohn des Allerhöchsten« sein wird, wie wird es sich mit seiner gottmenschlichen Aufgabe ihr, der armen Magd des Herrn, gegenüber benehmen? Fragen über Fragen, die nicht vorweg gelöst werden, die in der Schule des Heiligen Geistes übernommen und als Fragen stehengelassen, aber getragen werden müssen. Die Erziehung eines Gotteskindes durch den Heiligen Geist ist nie abgeschlossen.

Das lange Leben der Mutter mit dem heranwachsenden Sohn ist für die Mutter ein Leben im Glauben; den Gott in ihm sieht sie nicht, sie ahnt nur von fern sein besonderes Verhältnis zum Vater. Das Wort des Zwölfjährigen versteht sie nicht. Und wieviel wird sie, mitsamt den ungläubigen »Brüdern« zurückgelassen, von seinem öffentlichen Wirken verstehen? Der Sohn wird sie stehenlassen, sie kaum noch kennen (»Weib, was ist zwischen mir und dir?«); da sie ihn besuchen will, hat er, mit seiner neuen Familie beschäftigt, keine Zeit für sie; da eine Frau aus der Menge sie seligpreist, wird sie anonym in diese Menge zurückgestellt: »Ja, selig, die das Wort Gottes hören und es befolgen.« Sie wird einerseits ein bloßes Modell für den neuen Glauben, anderseits als Vertreterin der rein leiblichen Herkunft ins überwundene Alte zurückgestellt. Das alles ist jetzt die Schule des Sohnes, Einübung in seine Verlassenheit, an der sie unter dem Kreuz ihren Anteil erhalten wird.

Man pflegt für diese Anteilnahme Marias an der

heilsgeschichtlich notwendigen Trennung des Sohnes vom Vater in der Passion nur auf ihre jungfräuliche Mutterschaft hinzuweisen. Dies ist völlig richtig, aber man muß mitdenken, daß diese ganze einmalige Auszeichnung Marias in der ebenso einmaligen Gotteskindschaft ihre letzte Begründung hat, und daß diese Kindschaft ihr Urbild in der ewigen Kindschaft des Sohnes hat. Damit sind wir abermals zurückverwiesen auf die insbesondere von Johannes ausgewertete Einheit bleibender Abhängigkeit des Sohnes vom Vater (»Meine Lehre ist nicht die meine« Joh 7,16) und vom Vater geschenkter selbstverantworteter Sendung, wenn man will: von Kindsein in Erwachsenheit. Wenn Christen durch Maria zu Jesus beten, müssen sie sich notwendig am Bild Marias in die einmalige Kindschaftshaltung des Sohnes einführen lassen. Denn wenn nachfolgend die Einführung durch Jesus in den Schoß des Vaters erfolgt, so liegt darin von vornherein eingeschlossen Marias Kindschaftsverhältnis im Heiligen Geist zum Vater.

Dies ändert sich nicht, wenn Maria (bei Johannes nur als »Frau« schlechthin angesprochen) unter dem Kreuz dem neuen Adam bräutlich zur Seite tritt und in ihrer menschlichen Weise durch ihr Einverstandensein die Kirche auch aus ihrem schwertdurchbohrten Herzen mithervorgehen läßt. Mit dem Jünger als neuem Sohn verbunden, ist sie nicht nur mütterliches Urbild der Kirche, das nach dem Haupt auch die übrigen Glieder des Leibes gebiert (Apk 12,17), denen sie Mutter bleibt, sondern auch das archetypische Glied dieser Kirche, die in all ihren Gliedern in Wort und Sakrament durch Christus an der Kindschaftsgnade am Schoß des Vaters Anteil erhält.

Alle in der marianischen Kirche geübte Nachfolge Christi durch Mittragen seines Kreuzes, alle priesterlichen Funktionen des Amtes und der Laien sind letztlich hingeordnet auf diese höchste Gnade der Kindschaft, wie schon zu Beginn dieser Betrachtungen ausgeführt wurde. In Maria wird urbildlich für alle Christen sichtbar, daß diese Kindschaft in Gott, der Ort der vom Ursprung empfangenen Fruchtbarkeit, auch in der Welt der Menschen mit gnadenhafter Fruchtbarkeit einssein kann.

Hieraus ergibt sich ein Letztes. Das apokalyptische Weib, das zwischen Himmel und Erde in Schmerzen den Messias gebiert, trägt ohne Zweifel auch die ganzen Schmerzen Israels mit, das aus seinem glaubenden und zugleich sündigen Schoß seinen Messias gebären soll. Wäre Israel seinem Gott nicht so untreu geworden, so wären so viele Schmerzen nicht erfordert gewesen. Und doch gab es den Glauben Abrahams und die Treue der Propheten, die an der Geburt des Erlösers nicht unbeteiligt sein können. Aber wie soll diese gemischte theologische Erbschaft in das Geschick des schlichten, schuldlosen Mädchens von Nazaret eingebracht werden? Nur so, daß die Erwählung der Jungfrau zur Mutter des Erlösers allen zusätzlichen Aspekten ihrer Sendung vorauslag. Wie ihr Sohn zuerst das Kind des Vaters sein mußte, um dann, menschwerdend, die Last der schuldigen Welt auf sich laden zu können, so mußte auch im Heilsplan Gottes die Mutter der erste Gedanke sein, um dann, wie ihr Sohn, Trägerin der ganzen heilsgeschichtlichen Konstellationen werden zu können. Darauf verweist schon dunkel die am Ausgang des Paradieses ergangene Verheißung der Frau, deren Nachkommenschaft den Kopf der Schlange zertritt (Gen 3,15), verweist klarer die Begegnung Marias mit Elisabet, wo das jüngere, messianische Kind das ältere, seinen Vorläufer (und damit die ganze alttestamentliche Prophetie) im Mutterleib segnet. Das Letzte ist in Gottes Plänen das Erste, um dessentwillen alles Vorausgehende existiert. Und so ist das Kind Maria, zur Mutter des ewigen Kindes ausersehen, das Sinngebende für alles, was sich von Adam und Abraham an bis zu ihr sich ereignet und dessen sühnende Vollendung ihr innerhalb des Werkes ihres Sohnes zugemutet wird.

ANSTÖSSE

Orientierungs- und Entscheidungshilfen für den Christen in der Welt von heute

Hans Urs von Balthasar
Kleiner Diskurs über die Hölle

Adolf Exeler
Mut zur Umkehr, Einfachheit, Tugend

Bernhard Hanssler
Glaubensleben. Eine Einladung

Johannes Paul II.
Das Vaterunser

Walter Kasper
Glaube: ein Geschenk zum Weitergeben

Georg Moser
Vertrauen ins Leben
Über die Erziehung zur Zuversicht

Josef Pieper
Nur der Liebende singt
Musische Kunst heute

Josef Pieper
Was heißt »sakral«?
Klärungsversuche

Josef Pieper
Kleines Lesebuch
von den Tugenden des menschlichen Herzens

Josef Pieper
Mißbrauch der Sprache – Mißbrauch der Macht

Karl Hermann Schelkle
Die Chöre der Engel

Heinrich Spaemann
Macht und Überwindung des Bösen
in biblischer Sicht

Josef Sudbrack
Die Wahrheit der Sakramente

Heinz-Jürgen Vogels
Jesus Christus – eine Realität

Schwabenverlag